Roque JR
Károl Veiga Cabral

Pelo fim das ~~comunidades terapêuticas~~

~~manicômios~~ com outra roupagem

1ª edição

Farroupilha RS
Adelino Roque Filho
2023

1ª edição MAI2023 - impressão por demanda
Edição, projeto gráfico interno e capa do autor **www.RoqueJR.com.br**
Desenho de capa: Vitor Reis vitorrei@gmail.com
https://100viagensnoolhar.blogspot.com/

Dados Internacionais de Catalogação na Publicação(CIP)

R786p Roque Jr., 1971-
Pelo fim das comunidades terapêuticas: manicômios com outra roupagem / Roque Jr. ; Károl Veigas Cabral-
Farroupilha, RS : do autor, 2023.
64 p. ; 14 cm

ISBN 978-65-00-68665-4
Apresenta bibliografia.

1. Roque Jr. - Biografia. 2. Saúde Mental. 3. Comunidades terapêuticas. 4. Saúde. 5. Medicina e saúde. I. Roque Filho, Adelino. II. Título.

CDU929ROQUE JR
CDD920

Índice para o catálogo sistemático:

1	Roque Jr. - Biografia	929ROQUE JR
2	Saúde Mental	616.89
3	Comunidades terapêuticas	615.851.6
4	Saúde	613
5	Medicina e saúde	610

Catalogação na fonte elaborada pela bibliotecária
Michele Marques Baptista - CRB 10/1633

Baixa meus e-livros(PDF) gratuitos no:

Dedico esta obra para todxs que precisam de mais cuidados.

Dedico esta obra também à minha eterna esposa, Martha Santos.

Sei que a situação está difícil para a grande maioria das pessoas, mas há 32 e-livros gratuitos em PDF no *site* www.RoqueJR.com.br e, também, outras 20 primeiras páginas gratuitas virtualmente nos livros do Clube de Autores. Doei 1.200 exemplares a 50 locais de empréstimo(bibliotecas), muitos deles sobre a Luta Antimanicomial, e 1.600 livros para outros projetos. Outros 160 foram distribuídos no Fórum Social das Resistências, em ABR2022, e mais 280 foram distribuídos no Encontro Estadual do FGSM, em JUN2022. Foram mais 653 exemplares gratuitos no FSM2023, outros 235 gratuitos em Natal-RN. Continuam as pequenas e grandes ações com meus projetos.

Se puderes e quiseres, apoia, realiza colaboração cultural, contribuição consciente, com o valor que puderes, para que eu possa publicar, editar e escrever mais livros do projeto, impactando outras pessoas e transformando mais vidas através das obras literárias. Minha chave PIX para depósito é: 54 9 9960 6565(WhatsApp).

Obras sobre a Luta Antimanicomial de Roque JR:

Baixa gratuitamente os e-livros(PDF)* no www.RoqueJR.com.br

(203)Pelo fim das comunidades terapêuticas: manicômios com outra roupagem(MAI2023);
*(193)Algumas experiências em NASF/AB - Núcleo Ampliado de Saúde da Família(FEV2023);
*(185)Frente Parlamentar da Reforma Psiquiátrica(Antimanicolonial)(DEZ2022);
*(184)Sete Militantes Mentaleiros(DEZ2021);
*(182)Controle Social e "bipolaridade": *Por uma sociedade sem ~~manicômio~~!(JUN2022);*
(181)Saúde Mental e Literatura: *Por uma sociedade sem ~~manicômios~~!*(AGO2022);
(180)Muitos sonhos realizados: ideias e a utopia da vida(JUN2022);
(179)Militância Antimanicomial e a pandemia da COVID-19(DEZ2021);
(178)Militância e "bipolaridade": *~~Manicômio~~ Nunca Mais!*(NOV2021);
(176)Meio século de vida e a "bipolaridade": *tributo a Adelino Roque(meu pai)*(MAI2021);
*(175)Atuação na Luta Antimanicomial e na "bipolaridade"(OUT2021);
(173)Fórum Gaúcho de Saúde Mental e "bipolaridade": *nada de nós sem nós!*(JUN2021);

*(172)Trinta anos(em três) do Fórum Gaúcho de Saúde Mental: *tributo ao Paulinho*(MAR2021);
(171)Luta Antimanicomial, "bipolaridade" e detalhes na pandemia de COVID-19(MAI2021);
(169)Protagonismo e empoderamento na Luta Antimanicomial e na "bipolaridade"(JAN021);
*(168)Trajetória na pandemia, "bipolaridade" e Luta Antimanicomial(AGO2020);
(167)Momentos na pandemia de COVID-19, Luta Antimanicomial e "bipolaridade"(DEZ2020);
(166)Usuárix do Centro de Atenção Psicossocial do Sistema Único de Saúde e o seu empoderamento(JUN2021);
*(162)~~Isolamento físico~~, mas não isolamento afetivo(JUN2020);
*(159)Luta Antimanicomial e pandemia da COVID-19(MAI2020);
*(158)Atuação virtual em momento de confinamento e Luta Antimanicomial(ABR2020);
*(156)Relatos da Nona Parada do Orgulho Louco(OUT2019);
(150)A necessidade de protagonismo na Luta Antimanicomial e a "bipolaridade"(SET2020);
*(149)Cartilha do Fórum Gaúcho de Saúde Mental: Núcleo Serra(JUN2019);
*(140)Fórum Gaúcho de Saúde Mental: Núcleo Serra(DEZ2018);
(137)Militância na Luta Antimanicomial e na "bipolaridade"(JUL2020);
*(108)Saúde Mental, "bipolares" e limites da Arte(FEV2018);
(97)TOL: Terapia Ocupacional Literária, "bipolaridade" e Luta Antimanicomial(MAR2020);
(84)Amor, "bipolaridade" e Luta Antimanicomial(SET2019);
(71) :): a importância da Psicoterapia e da Luta Antimanicomial(FEV2019);
*(48)"Bipolares" e "normais", que se entristecem e se alegram, e outros protagonistas na Saúde Mental(SET2017);
(21)O SUS_piro da "bipolaridade" e o protagonismo na Saúde Mental(DEZ2017)(2ªed.FEV2019);
(17)"Bipolar" estável, Saúde Mental e Luta Antimanicomial(JUN2016);
*(14)Superando a "bipolaridade"(MAR2015);
(12)Bipolaridade e Luta Antimanicomial(ABR2014);
(1º)Poesias para refletir(MAI2000).

Redação e estilo desta obra

Como o texto é escrito em forma de diário, as datas são citadas de forma abreviada abaixo de cada título e, eventualmente, no meio do texto, da seguinte forma: dia da semana(três iniciais, a primeira letra maiúscula), dia, mês(três letras, todas maiúsculas), ano, seguido de "barra" e hora da escrita, alinhada à direita. Exemplo: Qui23FEV2017/6h53min

Gênero neutro:

Pensando em uma alternativa linguística mais inclusiva quanto ao gênero, em minhas obras utilizo "@" e "x" para indicar o gênero neutro.

Exemplo: "Louc@s", "usuárixs" etc.

Tipo e estilo de letra:

Os textos de autoria exclusiva de Roque JR que já foram publicados em outros locais são destacados *em fonte tipo Arial e estilo itálico,* já os textos de outrxs autorxs serão escritos com *fonte tipo Times New Roman e estilo itálico.*

~~Palavras tachadas~~:

"~~Mentiras~~ Fake News *têm pernas ~~curtas~~ longas"* Capa da revista *Radis*, Fiocruz, n. 190 - JUL2018

Roque JR - Sáb15DEZ2018/18h05min

Tive acesso à revista *Radis*, cuja capa tinha as palavras "~~mentiras~~" e "~~curtas~~" riscadas. Isso fortaleceu a ideia do contato que tive com o Dr.Alceu(DRT-RS 10522-relacional teatral) de utilizar algumas palavras que não acho aceitáveis ~~tachadas~~. Isso mostra que discordo de seus usos, mas que acho importante que sejam mantidas impressas porque sinônimos perderiam o sentido inicial.

"Autocreditista":

Com base no verbete *"creditista",* que tem, entre seus significados, a venda de porta em porta de livros, utilizo o significado da venda de meus livros dessa forma, o que já venho realizando desde minha primeira obra(2000).

"Auto-historiografia":

Em entrevista para Rodrigo Oss, na Ter13JUL2021, utilizei pela primeira vez essa expressão no Dia Mundial do "Roque", modo como, desde 2013, muitos grupos mencionam a data em minha foto.

Realizar a historiografia de minha Literatura tem me proporcionado muitos detalhes relevantes em meus livros.

Estar "bipoliterário":

Roque JR - Sáb19DEZ2020/17h50min

Ao raciocinar a respeito de como ampliar o tema sobre o qual já escrevi/falei em vários outros momentos, quando utilizei tantos "problemas" da "bipolaridade" para canalizar minhas pesquisas, leituras e escritas, crio, neste momento, o "bipoliterário", pessoa que possui um diagnóstico de ~~problema~~ com a "bipolaridade" e consegue aproveitar a situação para dar voz à sua Literatura. Receber um diagnóstico não é ser o diagnóstico. Essa é apenas uma das muitas coisas que você pode possuir ao longo da vida.

Nenhum passo atrás!

Miriam Nadim Abou-Yd [1](prefácio) - Dom16ABR2023/10h44min

A atualidade e coragem do tema do livro de Roque Júnior, e o formato inovador em diálogo com a psicóloga Károl Veiga, me seduziram. Aceitei de pronto o convite: fazer seu prefácio.

Sem concessões e recuos, ambos escancaram as mazelas dos espaços intitulados comunidades terapêuticas, cujas violações de direitos humanos, em maior ou menor grau, possuem caráter estrutural, sistêmico e persistente.

Tal afirmação, que com certeza desencadeará desconforto, em especial nas boas almas que pelas mais diversas razões tentam relativizar nossas críticas, aponta que não é possível seguir adiante, como sociedade, mantendo a exclusão como princípio.

Partindo dessa premissa, o livro também apresenta propostas, constituídas numa relação preciosa e que muito nos orgulha: da Reforma Psiquiátrica Antimanicomial com o Sistema Único de Saúde, o SUS. Tal relação, encontra-se, desde seu início, articulada ao campo da cidadania e é fruto não de qualquer consenso, mas de uma experiência de confronto, de luta, entre interesses coletivos, de um lado, e particularíssimos e nem sempre nobres, por outro.

Ainda nos dias de hoje, a tensão se mantem, e os autores optam por se alinhar ao lado de uma política que não cede à demanda social que demoniza e criminaliza uma experiência eminentemente humana - daqueles que encontram nas drogas a via para escapar ao mal-estar, e nem legitima a violência e tortura como resposta institucional.

Ousados e persistentes, Roque e Károl nos convocam a lutar pelo fim das comunidades terapêuticas!

Sigamos, juntos, na luta por uma sociedade sem manicômios, sem qualquer forma de manicômios!

[1]Miriam Nadim Abou-Yd é psiquiatra, psicóloga, ex-coordenadora de Saúde Mental de Belo Horizonte/MG, militante do Fórum Mineiro de Saúde Mental, da Frente Mineira Drogas e Direitos Humanos e da Rede Nacional Internúcleos da Luta Antimanicomial - RENILA.

Homônimo desta obra

"A liberdade é terapêutica." Bandeira de luta

Roque JR - Qui15DEZ2022

Este texto foi publicado também em 15DEZ2022 com o mesmo título deste livro na Rede Humaniza SUS e deu origem à obra.

Em 2014, o Fórum Mineiro de Saúde Mental e a Frente Mineira Drogas e Direitos Humanos realizaram um excelente trabalho de coleta de informações e depoimentos sobre as ~~comunidades terapêuticas~~~~comunidades terapêuticas~~, intitulado "Abusos e violações de Direitos Humanos em comunidades terapêuticas: relatos de uma realidade anunciada"[com acesso ao link*].*

Neste ano(2022), o Fantástico lançou matéria especial sobre as comunidades terapêuticas,[com acesso ao *link*], *com 23 minutos de duração, em horário nobre semanal. A matéria mostra muitas irregularidades das ditas ~~cts~~~~comunidades terapêuticas~~~~comunidades terapêuticas~~.*

Mas o Fantástico "pegou leve!". Quem acompanha mais de perto o Movimento da Luta Antimanicomial conhece muitas outras irregularidades não citadas nessa matéria especial do Fantástico.

Antes mesmo de minha aprovação, e por unanimidade, para representar o FGSM[com acesso ao *link*] *- Fórum Gaúcho de Saúde Mental(RS) na RENILA*[com acesso ao *link*] *- Rede Nacional Internúcleos da Luta Antimanicomial, já me posicionava drasticamente contrário às ~~cts~~~~cts~~.*

Neste mês, fui ainda mais audacioso, representando a RENILA na audiência pública[com acesso ao link*] na CDHM da Câmara dos Deputados. Em minha fala, aos 23 minutos do vídeo, lancei o pedido pelo fim das ~~cts~~~~comunidades terapêuticas~~. Na semana passada, produzi outra crônica sobre esse assunto[com acesso ao* link*](de 09DEZ2022), que teve mais de o dobro de visualizações(113) entre meus textos aqui publicados até agora. Além disso, ontem, também representando a RENILA no Lançamento dos dois volumes homenageando os 30 anos da Lei Antimanicomial do Rio Grande do Sul[com acesso ao* link*], minha fala que inicia aos 37 minutos, reiterei esse pedido público.*

Hoje, ao comemorarmos, Martha e eu, a primeira década de casamento, estava analisando como buscar mais fontes e formas de dar continuidade ao processo de dar um basta em todas ~~cts~~ no Brasil, ampliando, compartilhando, multiplicando o conhecimento público sobre os problemas das ~~ctscts~~ e algumas ideias para resolver e dar um fim a elas.

O óbvio surgiu: escrever uma obra literária sobre o assunto. Não poderia ser de outra forma de minha parte, com mais de 65 livros publicados[com acesso no meu site www.RoqueJR.com.br].

Cá estou solicitando mais informações dos recentes sete anos sobre ~~cts~~, para ampliar minhas fontes e produzir livro que não apenas se candidate ao Prêmio Jabuti de Literatura, mas que dê um "Sul" ao fim das ~~ctscomunidades terapêuticas~~. Para obter mais informações, entra em contato por meio do meu WhatsApp(54 9 9960 6565).

Confere links *com mais de 20 informações na seguinte relação* https://redehumanizasus.net/link-de-11-fontes-sobre-comunidades-terapeuticas/ *ou www.RoqueJR.com.br* relação de matérias publicadas no *Clube de Autores*

Construção coletiva de minha fala

"Trancar(internar) não é tratar!" Bandeira de luta

Roque JR(introdução) - Sex13JAN2023/9h23min

De forma crescente, progressiva, o conhecimento acumulado durante as recentes décadas, em destaque com problemas com as ~~cts~~, foi se montando junto aos movimentos sociais com os quais dialogo, em especial com o FGSM-RS e com a RENILA.

Para duas pessoas, hoje pela manhã, ao receber devolutivas do vídeo de minha fala no lançamento dos dois volumes homenageando e comemorando os 30 anos da Lei Estadual da Reforma Psiquiátrica do Rio Grande do Sul, pela segunda vez, enfoquei pelo fim das ~~comunidades terapêuticas~~.

Como já escrevi em outras obras, meus roteiros para falas em diversos espaços têm o acúmulo de muitos anos de atuação direta, indireta, ativa e passivamente.

Nesta obra em especial, há uma enorme inovação: a parceria em diálogo na construção literária com Károl Veiga Cabral, a quem desde já agradeço também neste espaço por ter aceitado colaborar com esse importantíssimo tema a ser desenvolvido.

Tal tema muito demanda informações e, digo mais, uma nova forma de procurar desenvolver o conteúdo, *pelo fim das ~~comunidades terapêuticas~~*.

Károl Veiga Cabral- Dom15JAN2023/10h19min

Caro Roque, é com imenso prazer que recebo e aceito esse convite para a abertura de um diálogo extremamente importante e desafiador que precisa ser encarado pela sociedade brasileira e que remete a responder a uma pergunta primordial: que mundo queremos habitar?

A luta da reforma psiquiátrica está mais viva do que nunca em uma sociedade individualista e excludente, com nítidas dificuldades em construir o coletivo. O movimento pelo fim dos ~~manicômios~~ se expressa hoje redimensionado pelo fim das ~~comunidades terapêuticas~~, pelo seu caráter ~~excludente~~, ~~estigmatizador~~, de violações de direitos humanos básicos e pouquíssima resolutividade, dado o efeito de porta giratória observado também nesses ~~equipamentos~~.

Encarar o desafio da escrita em diálogo aberto e franco, como sempre fazemos nos movimentos de luta social antimanicomial, tanto no Fórum Gaúcho de Saúde Mental (FGSM) quanto na Rede Nacional de Luta Antimanicomial (RENILA), nos habilita, pois somos frutos desse acúmulo de construção intensa e coletiva, para plasmar no papel, nesse caso as telas de nossos computadores, nossas ideias que implicam sempre um desafio maior, que é de reafirmar que o mundo que queremos habitar é um mundo para todes, com respeito à diversidade de ser e estar, de pensar e agir, sempre embalados pela máxima de que é possível um mundo sem ~~manicômios~~ nas suas diferentes formas de apresentação. A liberdade é terapêutica sempre!!

Detalhes desta construção

Quando tudo em volta parece mudar. Segredo.
Chay Suede e Manu Gavassi. 2013

Roque JR - Sex16DEZ2022/17h23min

Nada mais interessante do que, neste apagar das luzes de 2022 e chegada de 2023, me debruçar em assunto que domino e defendo com veemência: o fechamento das ~~comunidades terapêuticas~~ do Brasil.

Venho juntando informações há muitos anos sobre as ~~cts~~ e percebo que a cada nova informação mais me revolto com os ~~maus-tratos~~ e as ~~formas desumanas~~ de "tratamento" nessas instituições, algo que não é de hoje. Só se agravam!

Neste momento estou realizando algo que preparo em algumas de minhas obras literárias, chuva de ideias. São temas e assuntos que entrarão no corpo do livro, com maior ou menor grau de importância, mas todos eles fundamentais na compreensão do fenômeno das ~~cts~~ em nossa sociedade.

Para tanto, junto pessoas, que, por serem muitas, ficaria difícil citar, que direta ou indiretamente colaboraram. Também destaco muitos "recortes" de informações das recentes décadas sobre o tema.

Além disso, criei um depositário de matérias, vídeos e outras informações por meio de seus referidos *links* de acesso público e que ampliarei as citações com o tempo. O *link* para acesso segue abaixo:

https://redehumanizasus.net/link-de-11-fontes-sobre-comunidades-terapeuticas/ ou www.RoqueJR.com.br relação de matérias publicadas no *Clube de Autores*

Ser extremamente propositivo

"Gente feliz não incomoda." Autoria desconhecida

Roque JR - Sex13JANDEZ2023/9h50min

Há duas grandes questões na tentativa de solucionar o enorme problema, um verdadeiro "rinoceronte" na cidade, procurando dar luz na projeção de possível solução.

Um deles é o Mecanismo Nacional de Prevenção e Combate à Tortura - MNPCT, a criação dos mecanismos estaduais em muitas unidades da federação que ainda não os têm. Com a fiscalização de forma enérgica junto a outros órgãos, seguindo o modelo das inspeções realizadas nacionalmente, conforme podes verificar ao baixar no relatório citado a seguir.

A RENILA esteve muito tempo com cadeira no MNPCT e acompanhou muitos avanços.

Houve, também, retrocessos no MNPCT, o que será retomado em outros melhores momentos.

Há, ainda, a necessidade de maior e mais significativo financiamento aos serviços substitutivos. Muito das verbas redirecionadas às ~~cts~~ deveria estar sendo direcionado a CAPSs e outros serviços substitutivos humanizados e com cuidado em liberdade.

Destaques, nesse aspecto, são mais leitos em hospitais gerais, onde, em caso de crises mais intensas, pode-se ter o cuidado. Bem como mais acolhimento 24 horas em CAPSs, onde usuários da Saúde Mental podem ficar alguns dias sob maior observação, em especial em CAPSs ad III.

Outra possibilidade é desenvolver projetos e incentivar a atuação onde usuários-oficineiros seriam remunerados nos CAPSs pelas suas atividades ao compartilhar conhecimentos com os demais usuários do serviço.

Estamos em momento menos difícil na política nacional, mas ainda há investimentos públicos nas ~~cts~~. Enquanto movimento social, precisamos ter uma posição firme *pelo fim das ~~comunidades terapêuticas~~*.

https://redehumanizasus.net/link-de-11-fontes-sobre-comunidades-terapeuticas/ ou www.RoqueJR.com.br relação de matérias publicadas no *Clube de Autores*
Károl Veiga Cabral - Seg16JAN2023/17h15min

A ideia de ser propositivo me agrada. De nada adianta criticarmos a sociedade da qual fazemos parte, se nada fazemos para modificar nossa realidade. Da mesma forma, somente fazer a crítica a ~~ct~~ e não propormos nada à sociedade em termos de acolhimento de possíveis demandas no campo do uso de substâncias psicoativas não resolve a questão.

Já temos no país uma rede substitutiva (2001), que depois foi chamada de rede de atenção psicossocial (2010), na qual o financiamento para implantação de serviços se ampliou, gerando diretrizes de ação para todos os serviços, desde a atenção básica em saúde, passando pela atenção psicossocial estratégica, a atenção residencial de caráter transitório, o processo de desinstitucionalização, o acolhimento de urgência e a atenção hospitalar, além da necessária articulação com a intersetorialidade para a garantia plena de direitos e acessos.

Essas redes, espalhadas por todo o país, em alguns estados mais pavimentadas e vascularizadas, em outros estados ainda sendo implementadas, se colocam como o espaço de ancoragem para a circulação de todos os usuários. O fato é que desde que o governo federal foi ampliando recursos, incentivando a implementação das redes, garantindo apoio aos estados, financiando projetos e fomentando os encontros do colegiado de coordenação da política nacional de saúde mental, álcool e outras drogas, a possibilidade real de criar um plano de Ação Estadual da Rede de Atenção Psicossocial em todo o país foi saindo do papel e virando realidade.

Aqui no Rio Grande do Sul esse processo resultou em uma RAPS totalmente cofinanciada, o que possibilitou aos municípios a ampliação da capacidade de diversificar equipamentos implementados, garantir processos de apoio matricial e educação permanente, configurando uma rede acolhedora com o desenho singular das necessidades de cada município.

Também os mecanismos de fiscalização e acompanhamento foram fortalecidos, em especial os conselhos de saúde, os conselhos relacionados com álcool e outras drogas, os fóruns de redução de danos, os movimentos sociais, em especial o Fórum Gaúcho de Saúde Mental, em parceria com mecanismos nacionais e conselhos profissionais que ajudam a manter o rumo da luta antimanicomial, antirracista e antiproibicionista.

Estamos no rumo certo

"Se não deixam sonhar, não deixaremos dormir!" Eduardo Galeano

Roque JR - Sáb28JAN2023/20h35min

Esta semana muitas entidades produziram documentos e os compartilharam com ampla multiplicação de destinos, com relação às ~~comunidades terapêuticas~~.

Nós, do Fórum Gaúcho de Saúde Mental, escrevemos coletivamente uma nota de repúdio, capítulo que segue, na qual tive algumas participações.

Károl Veiga Cabral - Dom29JAN2023/17h

Sem dúvida estamos do lado certo da história, trabalhando na perspectiva da inserção social plena de todes. Na defesa incondicional aos direitos humanos e ao acesso à cidadania para realmente todes, não apenas para os não diagnosticados de por vida!

A luta antimanicomial na sua essência é um movimento que defende a vida, a liberdade, a cidadania. Em sua trajetória, foi incorporando as novas pautas que se fizeram prementes: a defesa da liberdade e dos direitos dos usuários de drogas, a adoção da redução de danos como diretriz ética de cuidado e a bandeira do antiproibicionismo.

Na sequência, o reconhecimento dos elementos da interseccionalidade, ou seja, as questões de raça/cor, de gênero e de classe. Assim, a luta antimanicomial adere à luta antirracista, à defesa das identidades de gênero, à luta por um outro mundo possível! A luta é viva e se reinventa no cotidiano das práticas, nos discursos, nas pesquisas, na ocupação de espaços de participação social. Como uma espiral, o movimento se reinventa, se amplia, se agrega, mas sempre na perspectiva da defesa da vida em liberdade! Com a máxima "ninguém solta a mão de ninguém", o que o movimento antimanicomial pretende é um mundo pleno de diversidade, onde cada pessoa possa desenvolver as suas potencialidades e ser produtora de obra.

Nota de repúdio à criação do Departamento de Apoio às ~~Comunidades Terapêuticas~~

Fórum Gaúcho de Saúde Mental - nota compartilhada nas redes sociais
Construção coletiva, muitas mãos e cérebros, com grifos do editor/autor
Sex27JAN2023/13h51min

Nós do FGSM nos somamos conjuntamente a outros movimentos sociais, de Direitos Humanos e Cidadania na área de saúde para manifestar nosso repúdio à criação do Departamento de Apoio às ~~Comunidades Terapêuticas~~. Caso contrário, seremos vencidos pelas forças antirreforma com toda máquina do Estado a seu favor.

Foi isto que o Presidente Lula recomendou aos movimentos: que cobrassem do seu governo tudo que fosse preciso para melhorar as condições de vida das populações historicamente alijadas de seus direitos e especialmente sacrificadas com a política de morte implantada desde o golpe de 2016.

O decreto presidencial n. 11.392/2023, que cria o Departamento de Apoio a ~~Comunidades Terapêuticas~~, amplia significativamente o desequilíbrio no repasse de recursos financeiros entre os diversos equipamentos de atenção comunitária à Saúde Mental, componentes da Rede de Atenção Psicossocial(RAPS), substitutiva aos ~~manicômios~~. Enquanto as ~~cts~~, ~~entidades hegemonicamente religiosas e privadas~~, tiveram seu financiamento federal ampliado de R$ 44 milhões, em 2017, para cerca de R$ 100 milhões em 2019, segundo levantamento da Conectas(ONG voltada aos direitos humanos), os CAPSs, Serviços Residenciais Terapêuticos, Núcleos de Apoio à Saúde da Família, Centros de Convivência, Programa de Volta pra Casa e todos demais serviços componentes da RAPS sabidamente tiveram seus recursos retirados, uma vez que esses vêm sofrendo verdadeiro sucateamento!

Não é de hoje o ~~golpe~~ de levar as ~~cts~~ para o Ministério de Desenvolvimento Social. Compreendendo os interesses privatistas e fundamentalistas que cercam essas organizações (74% delas, segundo levantamento da FSP de 2020, são gestionadas por entidades religiosas) e com base nos relatórios de inspeção feitos pelo Conselho Federal de Psicologia(CFP), MPF, PFDC, entre outras entidades, entendemos que não há fundamentos terapêuticos nos "~~tratamentos~~" realizados por elas, que não possuem a competência técnica para cuidar de quem está em sofrimento e que tampouco há qualquer característica que remeta a práticas comunitárias, como o nome enganosamente sugere.

Além disso, ao atribuírem o uso de drogas à pobreza, sem desmitificar as questões morais e conservadoras que a criminalizam, reforçam o círculo vicioso de punir e discriminar apenas pessoas em situação de ~~vulnerabilidade social~~, que encontrarão nas drogas e no mercado que as envolve um caminho quase sem volta para sua precariedade econômica e social.

Precisamos construir cuidado e alternativas de vida, não estigma e exclusão! O Brasil, desde 2001, com a aprovação da Lei n. 10.216 da Reforma Psiquiátrica, já iniciara um caminho para isso, fortalecendo a Política Nacional de Saúde Mental, Álcool e outras Drogas com os enlaces que propõem a descriminalização.

Precisamos apontar sempre o descaso que ocorre nas ~~comunidades terapêuticas~~, usando os usuários como ~~mão de obra barata~~, ou mesmo ~~escrava~~, no funcionamento e manutenção desses espaços, bem como de outros setores produtivos reservados às pessoas vulnerabilizadas, como a ~~construção civil~~.

É preciso, ainda, lembrar que em muitas ~~cts~~ são disponibilizados alimentos, como pães, cucas, rapaduras, e outros utensílios, como toalhas, entre outros, onde os "~~internos~~" saem às ruas para vender como forma de arrecadar fundos, além das polpudas verbas públicas já recebidas para suas manutenções.

Isso sem contar que muitos dos "~~internos~~", passado o tempo máximo de seis meses financiado pelos cofres públicos, não tendo continuidade de atendimentos em serviços adequados que compõem o cuidado em rede, recaem em poucas semanas e realimentam o círculo interminável de internações.

Não esquecendo, ainda, das inúmeras denúncias de ~~tortura~~ e ~~maus tratos~~, às vezes ~~letais~~, como ocorrido no incêndio em uma ~~ct~~ de Carazinho-RS, que deixou 11 pessoas mortas.

Compreendemos que, se essa fosse a solução, não haveria reincidência e, que na maioria das vezes, são pagas com dinheiro público.

A RAPS, ao criar os CAPSs ad, entre outros equipamentos de cuidado em liberdade, produz tecnologias de cuidado inclusivas, com atenção continuada e com garantia dos direitos humanos, construindo serviços substitutivos aos ~~manicômios~~, diferentemente do que a lógica tutelar e proibicionista das ~~cts~~ propõe.

O fato de as ~~cts~~ estarem em outro Ministério deve-se à luta de entidades que não reconhecem os dispositivos da RAPS como espaços de cuidados em Saúde.

Por outro lado, o poder de disputa das ~~cts~~ por recursos financeiros ganha mais forças dessa forma dissociada, com maior apoio entre os setores conservadores da sociedade e maior poder de barganha perante o Estado.

Seria importante, primeiro, exigir do governo um cálculo imediato e comparativo entre o montante de investimentos públicos despendidos com as ~~cts~~ e os recursos investidos em toda RAPS para que possamos estabelecer um parâmetro justo de investimento, que, no momento, nos parece desigual!

Não é possível admitir que dispositivos majoritariamente privados que se ocupam de apenas uma parte dos agravos em Saúde Mental, o uso abusivo de álcool e outras drogas, consumam a maior parte dos recursos públicos que deveriam qualificar e sustentar diversos serviços do SUS.

Uma segunda medida emergencial seria exigir a criação de dispositivos de Controle Social específicos para as mais de 2.000 ~~cts~~ existentes no Brasil, com a participação paritária de Movimentos Sociais transversais, com emissão sistemática de relatórios de fiscalização e monitoramento de recursos.

Terceira medida seria estipular um prazo para transferência dos cuidados aos usuários de drogas para o recém-criado Departamento de Saúde Mental, visando a ampliação e o fortalecimento da Rede, ou seja, prever o fechamento progressivo das ~~cts~~!

Para que possamos seguir a luta por uma sociedade sem ~~manicômios~~, é preciso fortalecer a Política de Redução de Danos e somar recursos a toda a RAPS, que hoje se encontra sucateada.

~~Manicômios~~,
em quaisquer de suas formas,
NUNCA MAIS!

#REVOGADecreto11392Ja!
#comunidadeterapeuticaemanicomio

Repercussão nacional: CNS, CFP

"Sou louco e me trato." Paulo Michelon(Paulinho)(1960-2020)

Roque JR - Sex03FEV2023/17h23min

O Conselho Nacional de Saúde - CNS lançou a *Recomendação n. 001, de 26 de janeiro de 2023,* que *"Recomenda medida contrária à criação do Departamento de Apoio a Comunidades Terapêuticas no âmbito do*

Ministério do Desenvolvimento, Assistência Social, Família e Combate à Fome, entre outras providências."

Nesse cenário, o Conselho Federal de Psicologia -CFP apresentará em breve posicionamento sobre o tema comunidades terapêuticas. *"Os primeiros encontros de trabalho ocorrerão com o Ministério do Desenvolvimento e Assistência Social, Família e Combate à Fome (MDS), com o Ministério dos Direitos Humanos e da Cidadania (MDHC) e com o Ministério da Saúde, com a presença do presidente da autarquia, Pedro Paulo Bicalho."*

O tema deste livro, que foi iniciado em dezembro, está tomando outro rumo. Muitos setores estão questionando as ~~comunidades terapêuticas~~ e lançando notas de repúdio, cartas, entre tantas outras manifestações.

https://redehumanizasus.net/link-de-11-fontes-sobre-comunidades-terapeuticas/ ou www.RoqueJR.com.br relação de matérias publicadas no *Clube de Autores*
Károl Veiga Cabral - Sáb04FEV203/13h16min

Caro Roque, é com expectativas muito positivas que escrevo estas linhas. Vários movimentos sociais, como o FGSM, a RENILA, o Conselho Nacional de Saúde, nossa entidade máxima do controle social, programas de pós-

graduação de universidades federais, grupos de pesquisadores e entidades de classe, como o CFP, se levantam contra a implementação de um departamento de ~~comunidades terapêuticas~~.

Não estamos sós nessa luta. Esse pensamento enche o peito de um calor que gera conforto. A sociedade organizada pode ajudar o governo Lula e sua frente ampla a não cometer esse equívoco investindo energia e dinheiro público em um equipamento gerador de ~~exclusão~~, cronificação, estigma e preconceito.

Um equipamento que, baseado na religião, na ~~culpa~~, no ~~castigo~~, na conduta moral, se apresenta como a nova cara do ~~manicômio~~, mas produzindo a velha e esfarrapada resposta do ~~hospital psiquiátrico~~: ~~encarceramento em massa~~! Não cura, ~~estigmatiza~~, não reinsere, ~~cronifica~~ e ~~perpetua~~, através do ~~diagnóstico-sentença~~ o ~~lugar de exclusão~~.

Após tantos anos testando esse ~~fracassado~~ modelo ~~manicomial~~ temos que ser capazes, como sociedade, de produzir uma nova resposta. O modelo de atenção psicossocial, com uma rede robusta, amplamente financiada, que tem como marco inicial enquanto política federal a lei n.

10.216, de 2001, que vinha sendo implementado e ampliado em todo o país durante os anos de governo democrático, deve ser retomado, sendo necessariamente ampliado para dar conta das novas demandas sociais advindas do grito dos ~~excluídos~~, dos ~~invisibilizados~~, dos considerados ~~humanos menos humanos~~ da vez! Seremos capazes de produzir espaço para todes, para o amplo exercício da cidadania e da capacidade criativa de cada um de nós. Retomar o rumo de uma sociedade sem ~~manicômios~~ exige radicalizar na luta antimanicomial, quebrando a solução/problema que gera ~~exclusão~~, viabilizando novas formas de ver e viver no mundo.

Parlamentares comprometidos

"Ao preconceito DIGO NÃO! DA LIBERDADE não abro mão!"
Tema da 3ªPGOL - 2013

Roque JR - Sáb14JAN2023/8h02min

Infelizmente há muitos parlamentares comprometidos com a ampliação e manutenção das ~~cts~~.

As ~~cts~~ investem política e financeiramente nas candidaturas de deputados estaduais e federais, assim como de outros políticos, para que revertam mais verbas públicas às ampliações e construções de ~~comunidades terapêuticas~~.

O crescimento em número de parlamentares ligados às ~~cts~~ tem possibilitado às ~~cts~~ desenvolverem ainda mais situações de amparo financeiro.

Károl Veiga Cabral - FEV2023

Infelizmente essa é uma realidade do congresso nacional, mas também das câmaras estaduais e municipais. A chamada bancada da bíblia promete o milagre da cura, mas, na verdade, o que realiza é o milagre da multiplicação do seu pão! É fato que existem alguns senadores, deputados e vereadores que realmente, movidos pela crença de sua fé ou pelo desconhecimento do tema, acreditam que as ~~*cts*~~ *possam ajudar a resolver a questão do uso de drogas.*

Mas a grande maioria dos defensores nem sequer tem uma vida verdadeiramente cristã ou respeitosa aos mandamentos religiosos de defesa da vida, presentes em todas as religiões. A grande maioria quer se eleger e se perpetuar no poder e, para tal, vende a nova cadeirinha no céu, que é a vaga nas ~~cts~~.

É certo também que pais e familiares desesperados, sedentos por encontrar apoio e tratamento, se agarram nessa ideia, como se fora realmente verdade.

Que fique claro que a crítica aqui não é às religiões. Está comprovado cientificamente que a espiritualidade pode ajudar no caminho de cura no campo da saúde. Porém, em que pese esse reconhecimento, o campo da saúde, no nosso entendimento, deve manter-se laico, para que possa acolher a todes.

Nós que trabalhamos, pesquisamos, estudamos e militamos na área da saúde mental sabemos que o caminho é pelo cuidado em liberdade, na rede substitutiva, com trabalho multiprofissional e intersetorial, com investimento na pessoa em sua plenitude de possibilidades. Essa é a aposta incondicional do campo da saúde: a vida!

Comorbidades em foco

"Liberdade mundo aflora." Tema da 9ªPGOL - 2019

Roque JR - JAN2023

Em vários momentos, identifico muitos outros ~~problemas~~ com pessoas que possuem relação com álcool e outras drogas.

Há comorbidades, como várias outras questões que necessariamente precisariam de medicações, das quais, em muitos momentos, as ~~comunidades terapêuticas~~ não cuidam.

Károl Veiga Cabral - Ter07FEV2023

A questão das comorbidades é de fato um problema importante a ser destacado. Pessoas em uso de álcool e outras drogas podem ter ou desenvolver comorbidades ao longo dos anos, sendo que algumas delas podem ser advindas do uso dito abusivo ou continuado, mas também de um uso regulado que, por conta de alguma situação orgânica, se desenvolve de forma mais acelerada ou expressiva em dada pessoa.

O fato é que espaços como as ~~cts~~ espalhados em todo o território nacional não possuem muitas vezes equipes de saúde trabalhando no local, não têm estrutura material para realizar intervenções e, em muitos casos, estão bastante afastadas do entorno urbano, dificultando o deslocamento para buscar ajuda no caso de uma urgência.

O viés punitivo e moral de tratamento, em muitos casos, impede a equipe local de perceber o agravo da pessoa que está ingressada na ~~cts~~ retardando a resposta à demanda da saúde que deveria ser breve. Em outros casos, é a própria fé (por incrível que pareça) que vai retardar a procura de ajuda profissional.

Em muitas das vistorias que realizei como profissional do SUS a esses locais encontramos múltiplas irregularidades que podem provocar outras doenças, como: alimentos com prazo vencido, medicamentos com tarja preta sem prescrição, guardados em local totalmente inapropriado e muitas vezes fora de prazo, ~~trabalhos forçados~~ em um ~~regime análogo à escravidão~~, ~~violências de gênero~~ de toda a ordem também podem ser fatores geradores de agravos de saúde.

Problemas em meu território

Toda resistência é necessária, *"a Literatura é um ato de resistência"*.

Roque JR - Sex15DEZ2022/19h30min

Vejo indivíduos oferecendo pães, cucas, panos de prato, rapadura, em sinais de trânsito, semáforo, sinaleira, pedágio da ~~ct~~ daqui de minha cidade, além do ~~financiamento~~ público das ~~cts~~.

Em duas viagens recentes ao Nordeste Brasileiro, constatei a mesma prática: tanto em Salvador-BA quanto em Natal-RN. Vi crianças sendo usadas para constranger e persuadir os turistas a comprar chaveiros com o preço muito acima do praticado em muitos outros locais.

Vendiam chaveiros a R$ 5,00, enquanto em lojas de artesanato cheguei a ver os mesmos chaveiros sendo vendidos em combos de sete unidades por R$ 10,00.

O detalhe mais triste: o item ainda vem com uma papeleta informando que o comprador "apoiou" a ~~comunidade terapêutica~~ "tirando pessoas com problemas de drogas da rua". Um tanto estranha essa afirmação impressa...

O mais bárbaro foi que, em um dos casos, vi um adulto "recrutando", "explicando" à criança como deveria fazer. Esse adulto estava "escondido" atrás de uma escada, e pelos meus olhos fiscalizadores, logo vi o golpe.

Károl Veiga Cabral - Ter07FEV2023

Em meu atual território, a saber, o norte do país, mais especificamente o estado do Pará, a situação não é diferente. Muitos internos em ~~ets~~ circulam pelos semáforos e transporte público pedindo doações. A maioria dos internos comercializa algum produto, na maioria dos casos produzido por eles mesmos, porém todo o lucro obtido fica com a ~~et~~.

Produzem pão, bordam panos de prato, vendem hortaliças etc. Essa prática, chamada de laborterapia, aumenta o lucro que o dono da ~~et~~ tem com o interno. Digo aumenta, pois a grande maioria das ~~ets~~ tem amplo financiamento público advindo do município, do estado e do governo federal. Isso sem falar das doações do setor privado e do pagamento que muitas famílias fazem com grande sacrifício.

Vamos fazer um exercício de reflexão. Você abre um negócio. Vende vagas para o ente federativo (município, estado, união) e vende vaga privada para as famílias. Cobra por fora das famílias durante o ingresso um "kit básico" que inclui roupa de cama, produtos de higiene pessoal e domésticos, usa o trabalho dos internos para aumentar sua margem de lucro sob o argumento de laborterapia e, ainda, não contrata equipe, pois o ex-interno retorna como monitor para finalizar seu processo de tratamento! Que tal? É um negócio muito bom para ganhar dinheiro!! Aliás, essa é outra herança que as ~~cts~~ receberam do ~~hospital psiquiátrico~~: ganhar dinheiro investindo no ~~parque manicomial~~.

Quanto mais assustada a população com a diferença do outro, mais aumentam as fórmulas de clausura e exclusão. E a grande jogada desses equipamentos foi justamente incorporar termos, como Roque já nos apontou no caso do uso do nome ~~ct~~, mais palatáveis para a sociedade e mesmo para o movimento antimanicomial.

Se olharmos atentamente para a história do país, vamos verificar congregações religiosas adotando o tratamento de usuários de drogas em muitos estados. E foram crescendo, crescendo, até se converterem em uma força política dentro das câmaras de vereadores, de deputados, até chegar ao cenário atual da bancada BBB, ou seja, bala, bíblia e boi! Setores ditos conservadores que, em realidade, querem é conservar seu status quo *e manter o mundo de segregação e exclusão escondidos no véu de uma suposta caridade.*

Na verdade, é assim desde 1500, quando o primeiro colonizador/explorador chegou à nossa costa. E esse, me parece, é o jogo mais perverso da fórmula que arrebata grande parte da sociedade que tem dificuldade de perceber o que está por trás dessa oferta aparentemente tão inocente!

Se olharmos com atenção para dentro das ~~cts~~ vamos perceber que a grande maioria é composta por pessoas vulnerabilizadas, com um grande contingente de pretos e pardos. Uma população empobrecida, cuja mão do estado em muitos casos só aparece nos momentos de excluir e de punir. Também dentro desses espaços vemos muitas violências de gênero, a prática da chamada "cura gay*", configurando violências sistemáticas às pessoas internadas e violando direitos. É isso o que acontece em muitos desses espaços, longe dos olhos e do controle da população.*

Em família

"Penso, Louco Existo." Tema da 8ªPGOL - 2018

Roque JR - JAN2023

Há problemas muito sérios, em especial os poucos momentos de visita devido à distante do local, em município há dezenas de quilômetros de distância de nossa residência. Isso dificultou maior contato em minha experiência pessoal acompanhando ~~ct~~.

Houve, ainda, muitas desavenças por parte da ~~ct~~ na qual a pessoa estava "internada". Com isso quero destacar que não foram apenas as estatísticas que são observadas, que são muito bem elaboradas e buscadas no interior das ~~cts~~, mas a experiência em algumas visitas por causa de pessoa próxima.

Károl Veiga Cabral - Ter07FEV2023

Quanto às famílias, o que vejo na minha prática clínica e mesmo no exercício do controle social como conselheira de saúde é o desespero por uma resposta, por um acolhimento.

Em muitos casos o Estado falhou em chegar junto a essas famílias para ofertar garantias de direitos básicos, como dar suporte educacional, cultural, de moradia e trabalho digno a essas famílias. Desesperadas, elas buscam uma salvação. E a religião se presta muito a produzir essa resposta milagrosa. Porém, sabemos que ainda que algumas pessoas se beneficiem da espiritualidade em seu processo, isso não é regra. Quanto menos quando tal espiritualidade é apenas um revestimento na superfície, pois de fato o usuário encontra-se, na maioria dos casos, violentado nas suas necessidades e direitos básicos nesses espaços de ~~cts~~.

"*~~Manicômios~~*"

"Cantava viva à liberdade." Era um garoto que como eu amava os Beatles e os Rolling Stones - Engenheiros do Hawaii. 1990

Roque JR - Sex10FEV2023/16h39min

Na forma que atuam, as ~~comunidades terapêuticas~~ são verdadeiros ~~manicômios~~ em nossos dias. De que melhor maneira descrever os ~~manicômios~~ do que por pessoas que lá estiveram por semanas, meses ou anos corridos ou intercalados?

De que melhor maneira descrever tantos momentos ruins do que pelo olhar dxs que sofreram no interior dos ~~hospícios~~, ~~manicômios~~ e mesmo nas ~~comunidades terapêuticas~~.

CDHM da Câmara dos Deputados

"Falta distância de pago e sobra cavalo."
Batendo água. Luiz Marenco. Cantor gaúcho(RS)

Roque JR - Dom03JUL2022/19h13min

Fui convidado, pela segunda vez, para audiência pública da Comissão de Direitos Humanos e Minorias - CDHM da Câmara Federal.

Na primeira vez, foi suspensa por problemas de agenda de participantes. Esta segunda oportunidade está agendada para a próxima Qui07JUL, de forma híbrida.

Participarei de forma híbrida de minha residência.

Audiência pública destinada a debater os seguintes temas: a) realização da 5ª Conferência Nacional de Saúde Mental; b) apresentação de pesquisas sobre a Política Nacional de Atenção à Saúde Mental e os serviços prestados pela Rede de Atenção Psicossocial no Brasil.

Audiência pública na CDHM

"A palavra de que mais gosto é 'liberdade'."
Nise(Magalhães) da Silveira(1905-1999), psiquiatra progressista.

Roque JR - Dom10JUL2022/16h50min
Publicado também na Rede Humaniza SUS
Base do que falei na audiência pública da CDHM da Câmara dos Deputados

Minha participação foi de forma híbrida, em dois momentos. No primeiro, foram sete minutos de fala e, no segundo, foram dois minutos de fala. Descrevo a seguir os assuntos tratados.

As duas cidades gaúchas onde houve incêndios em ~~comunidades terapêuticas~~, no mês passado foram citadas(JUN2022): Carazinho-RS, com 11 mortes que poderiam ter sido evitadas, onde xs usuárixs eram trancados por fora, sem possibilidade de sair, e Capão da Canoa-RS, no litoral do RS.

Há grande falta de profissionais de Terapia Ocupacional, Psicologia, Psiquiatria nos CAPSs, bem como de materiais para oficinas terapêuticas, cada vez em menor número ao menos nos locais que acompanhamos.

Anteriormente havia oficineirxs de Música, oficineirxs de fabricação de instrumentos musicais, oficineirxs de teatro, oficineirxs de dança, entre outrxs oficineirxs que, inicialmente, eram usuárixs dos serviços. Essa prática acabou há bastante tempo.

Exigimos o retorno dos serviços substitutivos humanizados, com *cuidado em liberdade!*

Nas UBSs, NASFs, há tendo cada vez menos profissionais ligados à Saúde Mental no território.

Citei minha participação, auxiliando na construção, junto com outrxs usuárixs, do documento *Desinstitucionalização: da saída do manicômio à vida na cidade - estratégias de gestão e de cuidado.*

Aqui no Rio Grande do Sul, há 30 anos foi homologada a primeira lei antimanicomial do Brasil e da América Latina, pregando o fim gradativo dos ~~manicômios~~ com ampliação dos serviços substitutivos antimanicomiais.

Os ~~manicômios~~ normalmente se localizam longe da sociedade e da família, sem falar nos manicômios sociais[que tratam do problema da defesa de práticas ~~manicomiais~~ por pessoas, em alguns momentos até por usuários e familiares].

São pessoas, não números, têm nome, têm RG, têm CPF e têm suas histórias.

É necessário dar voz, vez e voto para xs usuárixs, sobreviventes de ~~internações~~.

Somos pessoas em extinção, passados meses em ~~manicômios~~, não podemos aceitar que retornem essas questões.

Citei duas outras escritoras que estiveram por tempos em ~~manicômios~~:

- Jacinta Velloso Passos(1917-1973): ~~internada~~ nove anos em ~~manicômio~~ de Sergipe, faleceu no ~~sanatório~~, com 56 anos. Escreveu em seu caderno até a véspera, 27FEV1973, já com a letra bastante alterada. Encontraram 3348 páginas de sua autoria.
- Claudina Pereira de Pereira(1940-2013): interna do ~~manicômio~~ São Pedro, em Porto Alegre-RS, com 23 ~~internações~~, desde a primeira, com 23 anos. Faleceu no residencial de Viamão-RS. Ayrton Centeno publicou livro sobre ela.

Um pouco dos cadernos que Claudina escrevia:
"Desde a minha infância que sou apegada às letras. O livro que escrevi aqui no Hospital São Pedro é relacionado com a psicologia, psiquiatria e demais ciências".

CDHM Câmara

Roque JR - Sex02DEZ2022
Publicado também na Rede Humaniza SUS
Base do que falei ontem na audiência pública da CDHM da Câmara dos Deputados

Sou Roque JR, usuário do serviço substitutivo em Saúde Mental, escritor, membro do FGSM - Fórum Gaúcho de

Saúde Mental e o representante da RENILA - Rede Nacional Internúcleos da Luta Antimanicomial. Defensor dos CAPS.

Passei por oito internações(1990-2007) em cinco manicômios~~manicômios~~, com modelo excludente~~excludente~~, ficando "preso" por mais de 365 dias no total.

Pedimos mais verbas para os CAPSs, RAPS, Residenciais Terapêuticos, Serviços substitutivos humanizados, intersetoriais, com sua manutenção e ampliação com Cuidado em Liberdade.

É importante voltar com oficineiros dos CAPSs na Música, com instrumentos musicais, na Arte, no Teatro, preferencialmente pelos usuários. Também precisamos de materiais às oficinas terapêuticas.

Contamos com o retorno de profissionais nos serviços substitutivos, terapeutas ocupacionais, psicólogxs, psiquiatras, também nas UBSs e NASFs.

Falei sobre os projetos importantes como a GAM - Gestão Autônoma de

Medicamentos, que teve origem no Canadá há mais de três décadas e a mais de década no Brasil.

Citei a RD - Redução de Danos, que semana passada(24NOV1989) completou 33 anos como Política Pública, que visa minimizar os danos não à simples abstinência.

Foi dado foco no projeto terapêutico singular.

É preciso avançar com a legalização e regulamentar as drogas.

É preciso reverter as transferências de verbas às ~~cts~~ ~~comunidades terapêuticas~~~~comunidades terapêuticas~~, pois ~~cts~~ também custam mais caro para os cofres públicos. É só fazer as contas.

O presidente eleito afirmou o fim dos ~~manicômios~~manicômios. Temos que dar fim também às ~~comunidades terapêuticas~~cts.

Para tanto, o Mecanismo Nacional de Prevenção e Combate à ~~Tortura~~Tortura, MNCPT, que por muitos anos a RENILA utilizou com cadeira, auxiliou na fiscalização de ~~manicômios~~cts e ~~comunidades~~

~~terapêuticas~~manicômios, com vários relatórios amplamente publicados de descasos com os Direitos Humanos.

O MNPCT tem que voltar a ser atuante e ampliar os comitês estaduais de combate a ~~tortura~~tortura e maus tratos.

Juntos fiscalizaremos ainda mais as ~~cts~~cts, para que a sociedade como um todo tenha acesso ao que se passa no interior desses ~~manicômios~~ locais, que utilizam dinheiro público.

Há jovens que trabalham como escravos na ampliação de ~~comunidades terapêuticas~~cts.

É necessário o cuidado em relação a gênero, cor/raça, desigualdade social, garantido nos dispositivos territoriais, no que tange a: adolescentes, mulheres, indígenas, quilombolas, negros, LGBTQIA+, pessoas em situação de rua, população carcerária, ciganos.

Participei de reuniões da ONU Brasil de 25JAN e 26MAR2021, nas quais muito se comentou sobre a Saúde Mental. Citei, então, a audiência da CDHM em JUL2022.

Discuti a ampliação e o fortalecimento do controle social. Viabilizar a 17ªCNS e a 5ªCNSM, em especial com os movimentos sociais e conselhos de classe.

Não podemos nos resumir a colocar as pessoas nos ~~manicômios~~~~manicômios~~!

Abordei o Revogaço, a Nota Técnica ao ~~eletrochoque~~~~eletrochoque~~ e as verbas que deveriam ir ao SUS, mas estão indo às ~~comunidades terapêuticas~~cts.

Falamos sobre ~~EC 95C 95~~, a ~~PEC da morte~~~~PEC da morte~~.

O Ministério da Saúde deve restituir acesso público a dados em prol da transparência. Trata-se da Saúde Mental em dados.

Questionamos a hospitalização~~involuntária~~.

Defendemos voz, vez e voto a usuárixs!

Temos muito a agradecer, porque nós, sobreviventes de internações, somos pessoas em extinção.

Somos pessoas, não apenas números, temos nome, RG, CPF e nossas Histórias.

Aqui no Rio Grande do Sul, comemoramos os 30 anos da primeira Lei Antimanicomial do Brasil, segunda da América Latina. Serão lançados, no próximo dia 14, dois volumes de livros organizados pelo Fórum Gaúcho, em parceria com a Frente Parlamentar da Reforma Psiquiátrica Antimanicomial, da Assembleia Legislativa, com 500 exemplares cada, gratuitos e em PDF com ampla distribuição.

A Lei exemplar pelo fim dos ~~manicômios~~manicômios com ampliação gradativa dos serviços substitutivos antimanicomiais.

Por uma sociedade sem ~~manicômios~~manicômios!

Loucura não se prende! Saúde não se vende!

Károl Veiga Cabral - Ter07FEV2023/11h54min

Muito importante, Roque, a participação dos usuários fazendo uso da palavra nos mais variados ambientes de poder do país. É fundamental a fala em primeira pessoa dos usuários. Aliás, quem poderia estar mais habilitado a falar sobre a questão da saúde mental do que as pessoas que sobreviveram às internações? À falta de acolhimento? À estigmatização social, com o fardo de uma sentença/diagnóstico que converte a pessoa em doente por toda a vida? Nada mais legítimo do que a fala dos usuários. Nenhum compêndio, nenhum curso, nenhuma formação tem o peso e a força dessa narrativa.

Quanto mais usuários exercendo seu direito à cidadania, expressando suas ideias, levantando sua voz, mais estaremos avançando em representatividade. Projeto antigo do movimento antimanicomial que desde seu surgimento trabalhou nessa direção. Ninguém no movimento fala por ninguém! Todos têm espaço de fala desde sua perspectiva.

Da mesma forma no SUS, todos são convocados a tomar lugar na sua construção, seja como gestor, trabalhador ou usuário. E em muitos momentos nos vemos ocupando distintos lugares, pois hora somos gestores, trabalhadores e também usuários do Sistema Único de Saúde. E é essa vascularidade do sistema que sempre me atraiu. Não somos pessoas aprisionadas em uma única caixinha: caixa-gestor, caixa-trabalhador, caixa-usuário. Somos pessoas em movimento de construção de processos de vida, de produção de obra! E essa é a maravilha do humano!

Como diria o poeta Raul Seixas: "eu prefiro ser essa metamorfose ambulante", lema que nos acompanha no movimento e que nos coloca sempre em perspectiva de transmutações.

Antecipando lançamento

"Nós só queremos viver." Infinita highway - Engenheiros do Hawaii. 1999

Roque JR(posfácio) - Qua08FEV2023/10h22min

Muitas das ~~cts~~ não possuem sequer profissionais ligados à Saúde Mental, como psiquiatras, psicólogxs, terapeutas ocupacionais, enfermeirxs e, pior, chegam a zombar do ofício da Psiquiatria. Em muitas dessas ~~comunidades terapêuticas~~ sequer permitem o uso de remédios ou consultas com psiquiatras externos.

Nesse cenário, esta obra resultou de dois grandes desafios, após mais de 65 livros publicados.

O primeiro, e do qual gostei muito, foi o fato de ter sido em forma de diálogo, o que pretendo repetir em outros momentos.

O segundo, também muito importante, é que no início de dezembro de 2022 iniciei a escrever esta obra e, vê só, algumas semanas depois, muitas questões aqui relatadas foram amplamente debatidas e compartilhadas por muitos grupos, entidades, conselhos Brasil afora.

Esta obra, que estava prevista para ter mais do que o dobro destas páginas iniciais, seria lançada em julho ou agosto, pois percebo que é necessário publicá-la neste momento. Porém, já penso em um segundo volume com mais detalhes para breve.

Espero ter contribuído com o assunto. Deixo mais uma vez abaixo o *link* de acesso a muitas matérias, vídeos e outras informações. São mais de 20 no *link* abaixo, com muitos outros *links* que ainda serão inseridos.

Por fim, se desejar incluir algum *link*, inclua-o para nós, para análise. Está sendo um verdadeiro livro interativo.

https://redehumanizasus.net/link-de-11-fontes-sobre-comunidades-terapeuticas/ *ou* *www.RoqueJR.com.br* relação de matérias publicadas no *Clube de Autores*

Károl Veiga Cabral(posfácio) - Sáb11FEV2023/9h41min

Recebo as palavras de Roque durante a semana e aguento a suspensão do desejo de produzir resposta até sábado, pois a semana atarefada não me dá outra alternativa. Ao acordar nesta manhã nublada em pleno inverno amazônico, me dou conta da distância física entre a cidade de Caxias, na Serra Gaúcha, e a cidade de Belém, no norte do país. Uma distância de um país continental inteiro! E esse tempo que se dilata entre a escrita de Roque e a minha resposta atesta o tamanho de chão que nos separa enquanto produzimos estas linhas reflexivas.

Ao mesmo tempo, estamos juntes em um mesmo propósito: a luta antimanicomial. A separação física entre Norte e Sul não impede nosso diálogo. Nossa amizade, parceria de luta, transcende distâncias físicas. A dilatação do tempo nos permite decantar as ideias e depois fixá-las nas nossas escritas.

Espero que este escrito aberto e franco e a dilatação de tempo permitam que outras tantas pessoas entrem nesse diálogo, façam suas reflexões e nos ajudem a produzir um outro mundo possível, no qual as respostas não sejam de exclusão, mas sim de produção de vida!

Roque JR: sou usuário do SUS, cursei a metade dos cursos de Sociologia e de História na UCS - Universidade de Caxias do Sul-RS, sou membro do FGSM - Fórum Gaúcho de Saúde Mental, representante do FGSM na RENILA - Rede Nacional Internúcleos da Luta Antimanicomial. Sou casado há dez anos com Martha Santos, vovô de Pedro. Participei de atividades da Luta Antimanicomial, entre elas, *Mental Tchê* e *Parada Gaúcha do Orgulho Louco*, organizei três edições do *Nós, Louc@s*, todos no Rio Grande do Sul. Participei das Conferências Municipal, Estadual e Nacional de Saúde em 2015, entre outras conferências em 2015, 2019 e 2021. Palestrei em universidades(FSG, UCS, UPF, UFSM, UFPel, UFRGS, Unisinos, UNIRIO, FURG), em algumas mais de uma vez. Participei de mais de 120 *Lives*, entre elas nacionais(RENILA, CFP, ABRASME), em mais de dez delas, em 2020, como mediador. Participei de mais de 70 reuniões virtuais, entre elas da ONU Brasil, da CDHM da Câmara Federal. Há 23 anos publico livros e tenho mais de 65 obras publicados, muitas das quais disponíveis nos *sites* Amazon, Casas Bahia, Clube de Autores, Estante Virtual, Lojas Americanas, Submarino, entre outros. Participei de dezenas de lançamentos e de 19 feiras de livros em cinco municípios do RS. Já disponibilizei 32 e-livros gratuitos(PDF) pelo www.RoqueJR.com.br, onde há acesso à sinopse de muitos livros publicados. Recebi quatro premiações literárias. Em 2018, participei com três obras do Prêmio Biblioteca Nacional. Em 2020-2021, participei da 1ª Bienal Virtual do Livro de São Paulo. Participei, também em 2021, dos Prêmios Jabuti, Minuano e Livro do Ano AGES de Literatura, uma obra em cada concurso. Em 2022, participei dos prêmios Jabuti e Minuano.

Desde 2000, das mais de 65 obras publicadas, algumas com mais de uma edição, já foram impressos mais de 19 mil exemplares, sendo que mais da metade está circulando em muitas cidades gaúchas, bem como nos estados da BA, CE, ES, GO, MA, MG, MS, MT, PA, PE, PI, PR, RJ, RN, SC, SP, TO e no DF, entre outros locais que ainda não registrei. Além disso, com as vendas via Amazon, Casas Bahia, Clube de Autores, Cultura, Estante Virtual, Lojas Americanas, Submarino, entre outras livrarias nacionais, perco o controle dos locais que disponibilizaram obras de minha autoria. Distribui mais de 8.200 exemplares gratuitos de meus livros.

Referências sugeridas e/ou utilizadas

Literatura gratuita em PDF:

Confere links *com mais de 23 informações na seguinte relação* https://redehumanizasus.net/link-de-11-fontes-sobre-comunidades-terapeuticas/ *ou www.RoqueJR.com.br* relação de matérias publicadas no *Clube de Autores*

-www.RoqueJR.com.br (32 e-livros gratuitos em PDF)

-https://radis.ensp.fiocruz.br/

-www.redehumanizasus.net/

-www.pauloamarante.net/

-25 anos da Lei da Reforma Psiquiátrica no Rio Grande do Sul. Simone Mainieri Paulon, Carmen Silveira de Oliveira, Sandra Maria Sales Fagundes(org.). 2018. Disponível gratuitamente no *site* da ALERGS.

-III Congresso Internacional de Saúde Mental. p.374 http://fio.edu.br/saudemental-artigos/arquivos/Trabalhos_Completos.pdf

-Ajuda e suporte mútuos em Saúde Mental: cartilha para os participantes de grupo. Eduardo Mourão Vasconcelos(coord.). Projeto Transversões. CNPq. UFRJ. RJ. (Disponível gratuitamente em PDF na internet). 2013

-Ajuda e suporte mútuos em Saúde Mental: manual para facilitadores, trabalhadores e profissionais de Saúde e Saúde Mental. Eduardo Mourão Vasconcelos(coord.). Projeto Transversões. CNPq. UFRJ. RJ. (Disponível gratuitamente em PDF na internet). 2013

-Além dos muros: acompanhamento terapêutico como Política Pública de Saúde Mental e Direitos Humanos http://historico.redeunida.org.br/editora/biblioteca-digital/serie-atencao-basica-e-educacao-na-saude/alem-dos-muros

-Biblioteca digital Rede Unida(todos textos são gratuitos em PDF) http://historico.redeunida.org.br/editora/biblioteca-digital

-Desafios e recomendações para a realização de atividades de ajuda mútua *on-line*. Eduardo Mourão Vasconcelos e Marcela Wcck(Projeto Transversões ESS-UFRJ). RJ. 07ABR2020

-Glossário temático: deficiência intelectual. Instituto APAE-SP, 30 anos. 2014

-O cuidado e a educação popular em Saúde

http://historico.redeunida.org.br/editora/biblioteca-digital/colecao-micropolitica-do-trabalho-e-o-cuidado-em-saude/o-cuidado-e-a-educacao-popular-em-saude

-Mais substâncias para o trabalho em Saúde com usuários de drogas
http://historico.redeunida.org.br/editora/biblioteca-digital/colecao-micropolitica-do-trabalho-e-o-cuidado-em-saude/mais-substancias-para-o-trabalho-em-saude-com-usuarios-de-drogas/image_view_fullscreen

-Painel saúde mental: 20 anos da Lei 10.216/01. Desinstitute e Núcleo de Pesquisa em Políticas Públicas de Saúde Mental(UFRJ). www.desinstitute.org.br. 1ª ed. 2021

-Saúde Mental em Campo: da lei da reforma psiquiátrica ao cotidiano de cuidado
http://editora.redeunida.org.br/project/saude-mental-em-campo-da-lei-da-reforma-ao-cotidiano-do-cuidado/

-Manifesto de Bauru. II Congresso Nacional de Trabalhadores em Saúde Mental. Bauru-SP. DEZ1987

-Manifesto de Bauru 30 anos. Carta de DEZ2017

-Polis e Psique, revista científica comemorativa aos 10 anos da GAM. 2020. *Link* de acesso gratuito:
https://seer.ufrgs.br/PolisePsique/issue/view/3924

-Hospitais Psiquiátricos no Brasil: relatório de Inspeção Nacional. 2018. CFP. CNMP. MPT. MNPCT. (PDF no www.CFP.org.br). 2019

-Relatório das visitas realizadas simultaneamente na Inspeção Nacional em Unidades Psiquiátricas em 16 estados brasileiros e no Distrito Federal, no dia 22 de julho de 2004

-Relatório da Inspeção Nacional em Comunidades Terapêuticas - 2017. CFP. MNPCT. PFDH. MPT. Brasília-DF. CFP. (PDF no www.CFP.org.br). 2018

-Ser, fazer, compor VER-SUS: redes de afetos e conhecimentos, vol. 1
http://historico.redeunida.org.br/editora/biblioteca-digital/colecao-cadernos-de-saude-coletiva/ser-fazer-compor-ver-sus

Dissertações, teses e artigos:

-Doutorado: Artesãos da saúde: saúde mental e participação social em Porto Alegre. Károl Veiga Cabral. 2011

-Doutorado: Vertigens de uma psicanálise a céu aberto: a cidade. Contribuições do acompanhamento terapêutico à clínica na reforma psiquiátrica. Analice de Lima Palombini. 2007

-Doutorado: Entre quatro paredes: desafios da atenção em Saúde Mental no hospital geral. Jaqueline Monteiro. 2013

-Doutorado: Homem sem história. A narrativa como criação de cidadania. Márcio Mariath Belloc. 2011

-Doutorado: Brasil, além do ressentimento: cartografias da subjetividade brasileira. Carmen Silveira de Oliveira. 1997

-Doutorado: Os (des)encontros da loucura com a cidade: serviço residencial terapêutico - narrativas do processo de desinstitucionalização no território brasileiro. Simone Chandler Frichenbruder. 2009

-Dissertação: A contrarreforma psiquiátrica pela perspectiva dos usuários do sistema público de atenção à saúde mental: um estudo em Panambi/RS. Gabriela Dickel das Chagas. 2022

-Dissertação: Acompanhamento terapêutico como dispositivo da reforma psiquiátrica: considerações sobre o *setting*. Károl Veiga Cabral. 2005 https://lume.ufrgs.br/handle/10183/7429

-Dissertação: Águas da pedagogia da implicação: intercessões da educação para políticas públicas de saúde. Esta dissertação reporta a construção e apresenta a defesa de uma pedagogia da implicação, proposta que configura o ensino-aprendizagem como a gestão de processos de mudança de si e dos entornos, detectada na realização. Sandra Maria Sales Fagundes. 2006

-Dissertação: Associação Potiguar(RN) Plural. Memória e resistência de um coletivo de saúde mental. Carlos Eduardo Silva Feitosa. 2019. https://repositorio.ufrn.br/handle/123456789/28393

-Dissertação: Ato criativo e cumplicidade. Márcio Mariath Belloc. 2005

-Dissertação: Como se conta o que se faz? O desafio de avaliar o cuidado nos serviços de Saúde Mental. Márcia Fernanda de Mello Mendes. 2015

-Dissertação: Fundamentos para uma crítica da epistemologia da psicanálise. Analice de Lima Palombini. 1996

-Dissertação: Loucura é a falta de cuidado!: o hospital geral como um lugar possível na rede de Saúde Mental(Mestrado em Serviço Social) - Pontifícia Universidade Católica do Rio Grande do Sul. Jaqueline Monteiro. Porto Alegre. 2009

-Dissertação: Narrativas dos trabalhadores e das trabalhadoras na construção da reabilitação trabalho e arte de Pelotas (2004-2016). Larissa Dall'Agnol da Silva. 2018

-Dissertação: O significado de uma associação de usuários e familiares no tratamento e trajetória de vida de seus sócios. Noal, Martha Helena Oliveira. UFSM. 2014
-Dissertação: Psicologia Comunitária: discurso e prática. Carmen Silveira de Oliveira. 1984 https://repositorio.ufsm.br/handle/1/10341
-A reforma psiquiátrica no contexto da crise na ciência moderna. Gabriela Dickel das Chagas e outros. RevInt(UniCruz), V.9 2021
-Encontros antimanicoloniais nas trilhas desformativas. Bárbara dos Santos Gomes. UFRGS. 2019
-Reflexões acerca da implantação e funcionamento de um plantão de emergência em Saúde Mental. Ivarlete Guimarães de França. UFRGS - MAR2005 http://www.scielo.br/scielo.php?script=sci_arttext&pid=S1414-98932005000100012#*a

YouTube e redes sociais:

-fb.com/paradagauchadoorgulholouco
fb.me/groups/FGSMSerra fb.me/BAbipolaresAnonimos
www.instagram.com/vitorpord
http://blogdarenila.blogspot.com/2013/12/hotel-da-loucura-genese_29.html
http://laprincesainca.blogspot.com/
-35 anos de Basaglia no Brasil: biografia de Franco Basaglia
-Canal no YouTube de Julia Jolie("bipolaridade")
-Espetáculo "Nos porões da loucura". 2016
-Eletrochoque portátil: https://youtu.be/La75jXoHvZ4
-Entrevistas sobre a "bipolaridade": atriz global Cássia Kiss

Glossário:

5ªCNSM - 5ªConferência Nacional de Saúde Mental
7ªCESRS - 7ªConferência Estadual de Saúde do Rio Grande do Sul(2015)
16ªCNS - (8+8)Conferência Nacional de Saúde(2019)
44ºConUNE - 44ºCongresso da União Nacional dos Estudantes(1995)
50ºConUNE - 50ºCongresso da União Nacional dos Estudantes(2007)
ABRASME - Associação Brasileira de Saúde Mental
AFAB-SM - Associação de Familiares, Amigos e Bipolares de Santa Maria-RS
ANVISA - Agência Nacional de Vigilância Sanitária
AVICO - Associação das vítimas e familiares das vítimas da COVID-19
CA(DA) - Centro(Diretório) Acadêmico(Universitário)
CAPES - Coordenação de Aperfeiçoamento de Pessoal de Nível Superior
CAPS ad - Centro de Atenção Psicossocial - Álcool e outras Drogas
CBL - Câmara Brasileira do Livro
CDHM - Comissão de Direitos Humanos e Minorias da Câmara dos Deputados
CEAP - Centro de Educação e Assessoramento Popular
CEDH - Conselho Estadual de Direitos Humanos

CES RS - Conselho Estadual de Saúde do Rio Grande do Sul
CFP - Conselho Federal de Psicologia
CIDH-OEA - Comissão Interamericana de Direitos Humanos da Organização dos Estados Americanos
CMS - Conselho Municipal de Saúde
CNDH - Conselho Nacional de Direitos Humanos
CNPq - Conselho Nacional de Desenvolvimento Científico e Tecnológico
CNS - Conselho Nacional de Saúde
CONASEMS - Conselho Nacional de Secretarias Municipais de Saúde
CONASS - Conselho Nacional de Secretários de Saúde
CRPRS - Conselho Regional de Psicologia do Rio Grande do Sul
CRS RS - Coordenação Regional de Saúde do Rio Grande do Sul
CSM do CMS - Comissão de Saúde Mental do Conselho Municipal de Saúde
CTG - Centro de Tradições Gaúchas(em especial no Rio Grande do Sul)
CTB - Central dos Trabalhadores e Trabalhadoras do Brasil
~~cts - comunidades terapêuticas~~
DCE - Diretório Central dos Estudantes(Universitário)
DNA - Ácido Desoxirribonucleico(informação genética)
DSM-5 - *Diagnostic and Statistical Manual of Mental Disorder* (Manual Diagnóstico e Estatístico de Transtornos Mentais)
EaD - Ensino a Distância
EPI - Equipamento de Proteção Individual
ESA - Escola de Sargentos das Armas(Exército Brasileiro)
FGSM - Fórum Gaúcho de Saúde Mental(Rio Grande do Sul)
Fiocruz - Fundação Oswaldo Cruz
FSG - Centro Universitário da Serra[Gaúcha]
FNCPS - Frente Nacional contra a Privatização da Saúde
FURG - Universidade Federal de Rio Grande(RS)
GAM - Gestão Autônoma de Medicamentos
HD(*hard disk*) - disco rígido; dispositivo para armazenar dados digitais
~~hps - hospitais psiquiátricos~~
INAMPS - Instituto Nacional de Assistência Médica da Previdência Social
Internet - rede internacional de computadores
ISBN - *International Standard Book Number* (Padrão Internacional de Numeração de Livro)
MNPCT - Mecanismo Nacional de Prevenção e Combate à Tortura
MNPR - Movimento Nacional de População de e na Rua
MPF - Ministério Público Federal
NASF - Núcleo de Apoio à Saúde da Família
OMS/ONU - Organização Mundial da Saúde
ONU - Organização das Nações Unidas
OPAS - Organização Pan-americana da Saúde
PCdoB - Partido Comunista do Brasil
PDF - *portable document format*(formato portátil de documento)
PFDC - Procuradoria Federal dos Direitos do Cidadão
PGOL - Parada Gaúcha do Orgulho Louco

~~PMD - Psicose Maníaco-depressiva~~(CID-IX)
QI - Quociente de inteligência
RAPS - Rede de Atenção Psicossocial
RENILA - Rede Nacional Internúcleos da Luta Antimanicomial
RD - Redução de Danos
RS - Rio Grande do Sul
SBT - Sistema Brasileiro de Televisão
Smartphone - telefone móvel com funções de computador
SUS - Sistema Único de Saúde(e descentralizado)
TCC - Trabalho de Conclusão de Curso(acadêmico)
TO - Terapia Ocupacional
TOL - Terapia Ocupacional Literária
UBES - União Brasileira dos Estudantes Secundaristas
UCS - Universidade de Caxias do Sul
UFF - Universidade Federal Fluminense
UFMT - Universidade Federal de Mato Grosso
UFPel - Universidade Federal de Pelotas
UFRGS - Universidade Federal do Rio Grande do Sul
UFRN - Universidade Federal do Rio de Grande do Norte
UFRJ - Universidade Federal do Rio de Janeiro
UFS - Universidade Federal de Sergipe
UFSM - Universidade Federal de Santa Maria
UJS - União da Juventude Socialista
UNE - União Nacional dos Estudantes
UNICAMP - Universidade Estadual de Campinas
UNIRIO - Universidade Federal do Estado do Rio de Janeiro
UNISINOS - Universidade do Vale do Rio dos Sinos
UPF - Universidade de Passo Fundo
WAPR Brasil - Associação Mundial de Reabilitação Psicossocial/Capítulo Brasileiro
XXVII ENEH - 27ºEncontro Nacional dos Estudantes de História(Cuiabá-MT)

Obras gerais de Roque JR:

Baixa gratuitamente os e-livros(PDF)* no www.RoqueJR.com.br

*(190)Primeiros meses de Pedro(JAN2022);
*(189)Ditados populares, frases, ideias e questionamentos - vol.5(2022);
(183)Pedro: meu primeiro neto(OUT2021);
*(170)Ditados populares, frases, ideias e questionamentos - vol.4(2021);
*(157)Ditados populares, frases, ideias e questionamentos - vol.3(2020);
*(136)Ditados populares, frases, ideias e questionamentos(JUL2019);
(126)Famílias Stella e Stello: desde Antonio(1883) e Irene(1887)(2019);
*(125)Viagem à Ilha: Cuba-23ABR a 06MAI2018(FEV2018);
*(119)Frases, ideias e questionamentos(JUN2018);
*(107)Bastidores da produção literária - vol.4(FEV2021);
*(68)Roque JR: escritor em evolução(AGO2017);
(64)Uma década de união, coautoria de Martha Santos(SET2022);
*(59)Bastidores da produção literária - vol.3(FEV2021);
(38)Liderança que tive no LEO Clube somada à Experiência nas Oportunidades(JUN2021);
*(34)Receitas provadas e aprovadas(ABR2020);
(26)Cinco anos de união, amor e paixão ao lado de Martha!(AGO2018);
(25)Educando o olhar fotográfico(JUL2017)(2ªed. - FEV2019);
*(22)Os 50 anos sem Che Guevara, a morte de Fidel e a "Ilha"(OUT2017);
(20)Como produzir um livro e projeto literário(DEZ2016);
*(18)Colcha de retalhos: minha antologia(NOV2017);
(16)743 mil minutos de amor, coautoria de Martha Santos(DEZ2015);
(15)70 anos da FEB e Dia da Vitória(AGO2015)(2ªed. - FEV2019);
*(13)Exército: 40 anos de sonhos(OUT2014)(2ªed. - OUT2020);
*(11)Sou o que sou graças ao Socialismo(MAR2014);
(10)Viagem à Ilha(OUT2013);
(9)Che repórter fotográfico(2013);
(8)Curso de fotografia(AGO2013);
(3º)Contra o relógio(2002);
(2º)Poesias para refletir II(2000);
(1º)Poesias para refletir(MAI2000).

www.ingramcontent.com/pod-product-compliance
Lightning Source LLC
LaVergne TN
LVHW050343160826
845677LV00014B/3762

* 9 7 8 6 5 0 0 6 8 6 6 5 4 *